O MÉTODO SIMPLES PARA PARAR DE FUMAR

FRANÇOIS KIESGEN

ISBN: 9798396145306
Marca editorial : AUTO -PUBLICATION Tradução:
IA-SYSTRAN

Índice

Bem-vindo

Com seus textos de autohipnose, o projeto Signifiance visa colocar esta terapia ao alcance do público. François Kiesgen validou um diploma "hypnotic text writer" após seu "master of hypnosis". O seu gabinete independente assegura consultas e formação à distância reconhecidas de elevada qualidade. Os textos são de dezenas de sessões de trabalho presenciais. Sabentemente redigidos, são ferramentas incontornáveis para as pessoas que hoje precisam usar a hipnose.

As regras

Você pode aprender o texto de hipnose, salvá-lo, ou fazê-lo ler em voz alta por uma terceira pessoa. É também uma obra indispensável aos terapeutas.

A metodologia combina indução, aprofundamento, sugestões e despertar. Há dois tipos de influência incorporados em cada script. A ação direta é sugerir uma pessoa para fazer algo. A ação indireta que consiste em propor uma representação metafórica que lhe permite inconscientemente de estabelecer um paralelo com o seu problema, mas que propõe soluções positivas e enriquecedoras.

As técnicas inseridas nos scripts são: a afirmação, as instruções, as sugestões diretas, as sugestões indiretas por suposições, as sugestões indiretas por evocação, as sugestões não verbais, a confusão, a diversão, a distração.

A escolha da improvisação de uma sessão exige um domínio raro, o uso de scripts profissionais permite um ganho de tempo precioso e uma segurança de sucesso. Para aqueles que praticam a autohipnose, ou que fazem o acompanhamento entre indivíduos, os scripts profissionais são uma verdadeira oportunidade.

Na prática da hipnose terapêutica, é importante a passagem de uma voz englobante para uma voz impactante, tanto quanto as pausas, a pulverização e os silêncios. Se você está gravando, ou lendo, é essencial seguir as regras de dição.

A voz envolvente tem um impacto real em captar a atenção. Se você fizer o teste de falar por alguns minutos com uma voz impactante e alguns minutos com uma voz envolvente, a atenção do paciente variará muito, e a voz envolvente será vista como muito mais agradável de ouvir. A voz impactante é usada em hipnose terapêutica para enfatizar as sugestões diretas e para espalhar.

O uso de ambas as formas de entonação, mantendo uma dição lenta com uma voz clara, permite um excelente conforto para o paciente.

A escolha dos momentos de pausas, polvilhações, silêncios é muito pessoal. O mais importante em hipnose terapêutica é viver o seu texto, e você não poderia vivê-lo se pausas, polvilhamentos e silêncios fossem impostos. Quando falo em viver o seu texto, deixo claro que a emoção é essencial quando se lê. Você deve sentir o que está dizendo. A vossa dição deve seguir a emoção do texto.

A hipnose é uma linguagem para o inconsciente do paciente, a linguística e a dição são essenciais para obter resultados convincentes e regulares. Você tem a estrutura linguística usando os scripts profissionais oferecidos neste livro, você ainda tem que ler com toda a sua atenção para a sua dição.

As alterações nos parágrafos indicam uma pausa.

Sobre isso

O MÉTODO SIMPLES PARA PARAR DE FUMAR é uma ferramenta completa. Este livro destina-se a pessoas que desejam deixar de fumar. Este livro ultrapassa o simples script de autohipnose, traz um conhecimento exaustivo da realidade do cigarro, para ancorar a motivação para deixar de fumar. Para ser eficaz, permitindo que todos os públicos deixem de fumar e permaneçam não fumadores, várias ferramentas de programação neurolinguística estão integradas.

Aconselho-o, em complemento aos scripts de hipnose, a respeitar um protocolo que, desde há anos, provou a sua eficácia para atingir os cem por cento de sucesso. Nas primeiras duas noites após a sessão, você remove a nicotina do seu corpo. Use uma compressa para suar sob seus pés. Manhã, meio-dia, tarde e noite você toma uma cápsula de plantão. Após a refeição da noite, beba um chá de valeriana. Engula uma cápsula de extrato de aveia, com 25 cl de água por hora. Mastigue pastilhas com hortelã-pimenta no momento de cada inveja.

Em primeiro lugar, para reforçar a sua motivação para parar o cigarro, descobriremos a gênese do seu consumo pelo homem, e depois, à medida que as gerações vão tomando consciência da sua perigosidade. Você realmente saberá o que há em um cigarro. Sua autópsia é edificante, sobre os riscos reais para sua saúde. Demore alguns minutos a transpor para os não fumadores e as crianças os riscos que correm para viver num ambiente tabágico.

Numa segunda fase, abordaremos os métodos de acompanhamento para a cessação do tabagismo e os verdadeiros inconvenientes vividos durante o desmame.

Finalmente, apresentaremos um texto de autohipnose que é eficiente.

Nicotiana tabacum

O cigarro é uma das plantas americanas cuja introdução alterou profundamente os hábitos de vida dos europeus. Cristóvão Colombo descobre-o em 1492, desde a sua chegada a San Salvador; em 1535, o explorador Jacques Cartier descreve o uso do cigarro pela população da Nova França. O geógrafo André Thevet trouxe de volta o Brasil em 1556, para cultivá-lo em seu jardim em Angoulême. No século XVI, o cigarro foi reconhecido por suas virtudes medicinais, amplamente controversas no século seguinte, quando seu consumo atingiu todas as camadas da sociedade.

O cigarro faz parte da mesma família que as batatas e a pimenta. É uma planta anual herbácea (Nicotiana tabacum) que atinge de 1,5 a 2 m de altura. As suas folhas inteiras podem medir 80 cm de comprimento por 40 cm de largura.

A cultura do cigarro começou no continente sul-americano, há mais de 8.000 anos. As suas origens prováveis referem-se às ilhas das Caraíbas. Os astecas foram os primeiros a reconhecer as virtudes calmantes do cigarro, associado ao âmbar, e às essências florais.

O cigarro tem sido usado há mais de 2.000 anos em rituais religiosos ou por suas virtudes curativas. Os dados históricos confirmam que devemos a Cristóvão Colombo a atração por esta preciosa planta. Em 1492, recebeu das populações indígenas em sinal de paz folhas de cigarro secas. Ele trouxe o cigarro de volta, e o cigarro rapidamente se tornou uma planta medicinal reconhecida pelos países da Europa por suas propriedades curativas. Foram os marinheiros espanhóis e os missionários que mostraram como usar cigarro.

Na França, o cigarro foi introduzido em 1561 por jean Nicot. O cigarro é uma das plantas cuja introdução alterou profundamente os hábitos de vida dos europeus. O uso da "erva em Nicot" para fins curativos, passou assim à posteridade. Em 1571, o doutor espanhol Nicolas Monardes escreveu um livro sobre a história das plantas medicinais originárias do Novo Mundo. Ele argumentou que o cigarro poderia curar 36 problemas de saúde. Em 1588, o primeiro conhecido promotor do cigarro, Thomas Haret, defendeu o uso do cigarro fumado ou na tomada nasal. Ele morreu devido a um câncer no nariz, provavelmente, à luz dos conhecimentos atuais, a esse hábito de fumar.

Durante o século XVII, o cigarro foi tão estimado quanto o ouro. Foi amplamente controverso no século seguinte por Sir Francis Bacon, que constatou a enorme dificuldade de pôr fim ao hábito do tabagismo. O início do vício! Em 1620, o cigarro foi proibido em locais públicos por décadas.

Em 1629, Richelieu instaurou o primeiro imposto sobre o cigarro e em 1665, Molière escreveu em Don Juan: "Quem vive sem cigarro não é digno de viver. "

Em 1700, Lorillard criou a primeira empresa de cigarro, a mais antiga do mundo. Durante a Guerra da Independência Americana, em 1776, o cigarro serviu como moeda de troca para a compra de armas.

O ano de 1809 marcou a descoberta da nicotina por Louis Nicolas Vauquelin.

Os cientistas começaram portanto a interessar-se pelos efeitos deletérios do cigarro, mas sobretudo pelos efeitos do cigarro fumado. A pesquisa sobre a nicotina - descoberta e isolada desde 1826 - germinou a ideia de sua perigosidade e potencial de habituação.

1843 foi o ano da invenção da primeira máquina a fabricar cigarros.

Em meados do século XIX, as duas grandes companhias, Philip Morris e Liggett, começaram a comercializar cigarros, que se tornaram muito populares entre os soldados em combate durante a Guerra da Crimeia (na Rússia).

O cigarro de mascar, famoso pelos caubóis do oeste americano, também invadiu os mercados no final do século XIX. No início do século XX, a produção mundial aumentou para 3,5 mil milhões de cigarros e para 6 mil milhões de charutos.

Antes da Primeira Guerra Mundial, as duas grandes marcas de cigarros, Camel e Marlboro, começaram um duelo pela supremacia nos Estados Unidos. O consumo de cigarros literalmente explodiu durante esta guerra.

Após esta guerra, assistiu-se à conquista do mercado feminino pelos fabricantes, que inventaram misturas de cigarro doce, como Lucky Strike, destinado ao uso das senhoras.

Durante a Segunda Guerra Mundial, o cigarro, assim como os alimentos, foi introduzido na ração diária dos soldados. As empresas tabaqueiras enviaram milhares de milhões de cigarros para a frente, gratuitamente. Quando regressaram ao país no final da guerra, estes antigos combatentes representavam um mercado seguro e estável.

No entanto, na década de 1950, surgiram dados científicos que questionavam a incidência do cigarro em muitas doenças: *o câncer de pulmão seria em grande parte causado pelo tabagismo*. Embora a indústria tabaqueira negue tais afirmações e encomende estudos e contraavaliações, a opinião pública e os meios de comunicação social estão a difundir essas informações. A indústria tabaqueira reage, desta vez oferecendo produtos de menor qualidade, como os cigarros ligeiros.

Será necessário esperar até 1964 antes que o relatório do médico General Surgeon divulgue abertamente os danos do cigarro para a saúde humana. A recomendação prioritária deste relatório foi a de pôr em evidência uma advertência sobre os maços de cigarros. Os anúncios publicitários, incitando ao consumo de cigarro, foram inicialmente limitados e depois completamente proibidos. Provas em apoio, investigações sérias denunciaram cada vez mais os perigos reais que o cigarro representa para a saúde. As autoridades médicas envolveram-se, portanto, de forma mais direta, para que os diferentes governos elaborassem uma legislação sobre o cigarro.

No entanto, as empresas envolvidas não se desarmam. Muitos desses gigantes, de fortes multinacionais, compram empresas de alimentos, patrocinam jogos esportivos, principalmente esportes extremos, destacando a imagem subliminar da masculinidade e da grande capacidade de resistência. Esta imagem projetada incita o indivíduo a ousar cultivar um gosto pelo risco e permanecerá implicitamente associada ao comportamento do tabagismo.

Desde a década de 1980, os sinais de alerta lançados pelas instâncias de poder público são numerosos. Fumar torna-se "politicamente incorreto". As personalidades evitam mostrar-se um cigarro na mão. O número de lugares proibidos aos fumadores aumenta, alguns "viciados " de cigarro começam mesmo a queixar-se de discriminação e a agrupar-se em associações.

Desde o início dos anos 90, nos Estados Unidos e nos países da Europa, a lei proíbe fumar no local de trabalho e obriga o empregador a organizar espaços reservados aos fumadores.

Os dados médicos são cada vez mais preocupantes: colidem frontalmente não só com o tabagismo ativo mas também com o tabagismo passivo. Nas mulheres, desde meados da década de 1980, *a taxa de mortalidade por câncer do pulmão devido ao uso do cigarro ultrapassa agora a taxa de mortalidade causada pelo câncer da mama*.

O mais preocupante é o conteúdo dos relatórios que surgem sobretudo durante processos intentados aos fabricantes de cigarros americanos. Muitos desses documentos estipulam que os cientistas tinham alertado os industriais sobre os riscos que os fumadores correm, e isto desde os anos 50. Por razões óbvias, a indústria do cigarro prefere ocultar estes relatórios. Mais recentemente, o Presidente Clinton classifica o cigarro como uma *substância psicoativa perigosa para a saúde*. Os julgamentos iniciados começam a dar frutos: em consequência, os industriais terão de pagar somas avultadas durante décadas.

Em 31 de maio de 2006, o Canadá proibiu o cigarro em lugares públicos. Em 2007, a França e vários outros países europeus o imitaram, apoiando a mesma proibição.

A verdade

A composição do cigarro inclui o cigarro, que contém nicotina, monóxido de carbono, arsênio, amônia, acetona de ácido cianídrico, naftaleno, chumbo, formaldeído e butano.

A nicotina atinge o cérebro em menos de sete segundos, é inicialmente uma sensação de apaziguamento, depois um falso estímulo de calma, a criação de uma dependência quase instantaneamente por um fenômeno de mnesia. O cérebro pede novamente, porque você percebe o efeito como positivo. A nicotina ativa o neurotransmissor da acetilcolina. A acetilcolina é um fator primário na regulação da transferência de informação entre os neurônios. A nicotina provoca o aumento considerável da produção de acetilcolina, e uma superprodução de dopamina, glutamato e endorfina. O efeito da nicotina, no entanto, é de muito curta duração, cerca de 45 minutos. Todos os estudos científicos demonstram que a nicotina é o elemento ativo do cigarro que desencadeia e mantém a necessidade de fumar. É por isso que no método simples de parar de fumar, o protocolo prevê usar adesivos de Detox que você coloca sob seus pés para absorver a transpiração, que é o veículo da nicotina, que será assim capturada em grande parte. Para orientá-lo, posso aconselhá-lo sobre a marca Ecolife que é famosa.

Quando começamos a fumar, nosso cérebro aprende a produzir e a gerenciar suas endorfinas principalmente com a nicotina. O fumante, em seguida, depende do consumo de nicotina para "se sentir bem".

Além disso, ao fumarem, as pessoas anestesiam os seus canais sensoriais (visual, olfativo, gustativo, cinestésico) e fisiológicos. Pelo próprio fato, amputam-se de certas percepções, a fim de conservarem a sua dependência do tabagismo. Devido a esta percepção desligada, os fumadores não têm acesso às informações fisiológicas naturais que os alertariam para a toxicidade e a perigosidade do cigarro e para a sua nocividade para a saúde.

Veja o exemplo de uma criança sugando um cigarro pela primeira vez. Ele saberá imediatamente que este produto é tóxico, perigoso. Ele vai engasgar, será tonto, terá uma sensação de queimadura no interior da garganta ou peito, e náuseas. No caso dos fumadores, o cérebro é "ensanguentado " pela ingestão de produtos altamente tóxicos. Ele não faz mais a diferença.

A necessidade de consumir esta droga torna-se um hábito tão anestésico dos canais sensoriais que provoca uma percepção errada do funcionamento e da condição do seu corpo entre os fumadores.

Todos nós temos este poderoso sistema multisensorial com sensores poderosos que nos conectam ao mundo. O modo visual permite que o olho e a retina recebam imagens; o ouvido capta uma gama de sons consideráveis; o nariz identifica múltiplos odores; e os nervos relacionados transportam as informações recolhidas. No entanto, como vimos, em fumantes, esses canais sensoriais são desviados, frustrados. Os efeitos no cérebro e no sistema nervoso são devastadores.

Os métodos para parar de fumar

Os selos de nicotina são projetados para satisfazer o estado de falta, liberando nicotina continuamente na pele, eles são vendidos em com dosagens diferentes. O timbre ajuda a reduzir os sintomas de privação como irritabilidade, raiva, ansiedade. Os efeitos secundários são inúmeros, incluindo alergias cutâneas, tonturas e dores de cabeça.

A borracha de nicotina mastigável fornece nicotina e pode ajudar a suportar melhor sintomas de abstinência. A nicotina de baixa dose é reposta no sangue, o que vai contra o desmame.

Em acupuntura agulhas são fixadas em locais precisos do corpo correspondentes aos meridianos. Isto aumenta a energia, o que diminui o desejo de fumar. Os efeitos do desmame não são considerados.

Em Auriculoterapia, um filamento de metal é colocado no ouvido por duas a três semanas, estimulando a produção de endorfinas. O método é eficaz em 60% dos casos.

As técnicas que combinam terapia cognitiva e comportamental, autohipnose, programação neurolinguística e um protocolo de acompanhamento para o desmame são as mais eficazes.

A realidade do desmame

O desmame promove tonturas durante os dois primeiros dias, uma vez que a nicotina já não consome oxigênio no sangue, respirando em consistência cardíaca durante cinco minutos de manhã, meio-dia e à noite, eliminará este risco e reduzirá o seu nível de ansiedade com esta prática. Vídeos de acompanhamento podem ser encontrados no canal do YouTube: a cadeia de gestão do stress.

O desmame promove a fadiga durante as primeiras semanas, uma vez que o corpo está em período de desintoxicação e adaptação à falta de nicotina que serviu de estimulante. Engula uma cápsula de extrato de aveia com 25 cl de água por hora.

O desmame promove a insônia durante a primeira semana. Depois do jantar, beba um chá de valeriana.

O desmame promove a tosse, nas primeiras semanas, se você foi um fumante grande. Estou informando a empresa Herbalgem produz um xarope chamado xarope de fumantes.

Nos fumadores grandes, o corpo, habituado à estimulação intestinal causada pela nicotina, pode causar constipações durante o desmame. O papel de algumas frutas como pêssegos, maçãs e peras previne a constipação. Se a sua obstipação for muito forte, um gel de aloe ajudará a evacuar as fezes.

Finalmente, durante o desmame, terá uma sensação de inveja. A hortelã-pimenta produz ótimos resultados, e você deve usá-la assim que a inveja chegar. Em seguida, inspirar rapidamente e alongar a sua expiração lentamente. A expiração profunda deve durar duas vezes mais do que a inspiração. Ocupar suas mãos massageando cada dedo rapidamente e, em seguida, pressionar o ponto Tim Mee que fica perto do pulso do lado radial acima do polegar.

O método simples para parar de fumar

Instale-se confortavelmente. Você fecha os olhos como uma introspecção em seu mundo interior.

A partir de agora, você não faz nada. Acima de tudo, deixa-se fazer, e no máximo deixa-se fazer, e no máximo nada acontece, e no máximo, é bom.

Saibam que não fazer nada é muito fácil de fazer, basta deixar que isso aconteça. Deixar-fazer significa que nem sequer precisam de ouvir, pois uma parte de vós permanece à escuta do que vou dizer-vos e é isso que é deixar acontecer.

Você tem a oportunidade de convidar a sua consciência, a passear, sem fazer nada preciso, apenas passear.

Você não tem que se esforçar para relaxar, relaxar, relaxar, é natural.instintivo ,automático ,

Sua liberação é a porta de entrada para sua liberação. Talvez você possa localizar tensões em uma ou em outra parte do seu corpo. Preste atenção nesses lugares, sem querer fazer nada para relaxar.

Você pode focar toda sua atenção em seu corpo, em todo seu corpo, você pode sentir sua posição e pontos de apoio, e identificar as diferenças de sensações que há lá em seu corpo agora. Talvez haja áreas mais frescas e áreas mais quentes em seu corpo ou talvez você possa identificar as poucas tensões que permanecem?

Imagine que seus músculos e nervos sejam como cordas, quase completamente relaxadas, cordas soltas. Perceba o ar ambiente do seu corpo, como as mãos e o rosto.

Sensações agradáveis levam você a outras sensações, a outras percepções. Deixe-se sentir, as sensações brincam, agradáveis, calmantes, relaxantes. Talvez você possa observar toda vez que você respira, seu relaxamento se aprofunda.

Talvez você possa prestar atenção, o cheiro limpo no meio ambiente em que você está, e deixar seu nariz se sentir, livremente.

É como dormir, é o inconsciente que toma o comando, e você não tem nada a fazer, porque você dorme. Em seu sono, você respira, você sonha, você continua salivando, você se esquece. É natural que você viva quando está dormindo.

Você não precisa pensar em relaxar, em relaxar, em se soltar, porque seu inconsciente assumiu o comando.

Agora, preste atenção à sua respiração. Talvez, ela tenha se tornado mais lenta. Deixe sua mente imaginária, acompanhe sua respiração. A cada inspiração, imagine que com o ar entrando, você enche uma grande tigela de oxigênio que regenera você. Em cada expiração, imagine que o ar que sai libera dióxido de carbono e todas as toxinas. Tome o seu tempo, o tempo todo, que você precisa.

A cada inspiração, imagine que com o ar entrando, você se enche de energia, confiança, sorte. Em cada expiração, imagine que o ar que sai libera as preocupações, os genes, os transtornos. Tome o seu tempo, o tempo todo, que você precisa. Em seu caminho de vida você teve que tomar diferentes decisões, decisões simples, decisões complexas, decisões para outros e decisões para você mesmo. Este momento que se reservou é um momento em que você entra em ação em relação a uma decisão que você tomou para si mesmo, uma decisão que você quer concretizar, colocar em ação. Esta não é uma decisão simples nem complexa. Na verdade, -tratase de uma decisão única, pois é uma decisão que invalida uma decisão anterior. O que você tomou para ser um fumante. Uma decisão que você anula, que você transforma. Assim, torna-se a decisão, uma decisão capital. Você tomou a decisão de ficar indiferente ao cigarro.

Imagine descer um belo caminho, na natureza, entre um campo de trigo e um campo de flores. Você desce por esse caminho bonito, e minha voz acompanha você, tão longe quanto você anda descendo. Você continua relaxando. Isso é muito bom. Há a natureza, com odores, e também o vento suave, e você ouve sons como pássaros, você vê o trigo insuflando, a cor das flores. E você desce de novo. E você chega a uma escada de terra no fim do caminho. Parece que há apenas alguns degraus, exatamente cinco, para descer. Você está no quinto degrau, o de cima, pronto para descer. Então a quarta caminhada e ao chegar você desceu mais. O terceiro degrau e você está prestes a continuar a descer. A segunda marcha. Você está esperando um momento. Isso é muito bom. Há a natureza, os cheiros, os sons, a sensação, a paisagem. E você desce de novo. Você chegou, em contato com sua sensibilidade, e sua tela mental está receptiva. Toda vez que você expira, você entra profundamente dentro de si mesmo. Sua respiração é agradável e regular. 5 - Você é sereno e inspirador. 4 - expira suavemente como um assobio. 3 - suavemente, sua expiração é lenta e suave. 2 - Mais suave, lento, ainda mais lento. 1 - respire normalmente. E você descobre que pode ir ainda mais longe.

Imagine-se andando ao longo de uma praia, é a primavera, é uma praia de areia fina. E você ouve o oceano, o fluxo das ondas, você vê a água azul, você sente o ar do mar. O lugar é lindo, maravilhoso, e você está sozinho a passear por aqui nesta praia.

Você se sente muito bem, é agradável, divertido, revigorante. Você deixa suas percepções, e suas sensações, gradualmente se transformarem em você. Sinta a areia fina sob seus pés descalços. Humedeça, o ar do mar. Sinta o vento soprar em seu rosto, em suas mãos, em seu peito. Há um cheiro marinho, você o sente perfeitamente, você se lembra desse cheiro peculiar das margens do mar. Você sente um sabor em sua boca, uma sensação de sal que se mistura com sua saliva, que é o ar marinho que é iodado. Você leva um momento para pegar areia em sua mão. Vá em frente. Ao toque você observa como a areia é fina e suave. Você está adotando esta praia. Este é um lugar onde você se sente seguro. Imagine tirar uma foto com todos os seus sentidos. Este momento é seu e você o armazena em sua memória. Aqui é bom, é bom, repousante, é como férias, não há nada a fazer a não ser desfrutar e, sobretudo, sem restrições. Você anda tranquilamente, embalado pelo som das ondas. Você respira o ar salino. Observe que o fluxo de ondas traz conchas pequenas e também há algas que secam ao sol, e tudo isso vem do mar aberto. Lá, ao longe, no horizonte, você observa as ondas do oceano. Então você sente um pouco mais as ondas, o ressac e o mar. Seu olhar fica na areia onde vem o fluxo de ondas naturalmente, e você sente o frescor da água do mar e então sente o cheiro das algas como um cheiro de funcho marinho. Vocês podem ver que esse cheiro vem de uma alga, uma planta perene que cresce nas rochas do mar ao seu redor. Você pode imaginar que as ondas estão gradualmente limpando você de todas as impurezas de todas as ondas negativas que se acumularam ao longo dos anos. Agora, imagine que seu desejo de fumar escapa lentamente à medida que você ressaca, flui e reflutua. Então o desejo de fumar, torna-se um desejo de frescor, saúde, calma, liberdade. Sua energia vital se torna mais forte do que qualquer desejo. Sua vontade se desdobra. A sua energia vital torna-se mais forte do que todos os medos que surgem gradualmente durante o desmame. E agora você sente que nada vai atrapalhar sua decisão, que ninguém vai contrariar seu objetivo, porque você decidiu. Vocês sabem que fumar é um problema de saúde agora, ou mais tarde. E você não quer, ser saudável. E você não imagina câncer de pulmão ou de garganta. E você também sabe que para seus entes queridos, o risco de inalar o fumo dos fumantes os torna passivos para os fumantes. E eles também correm riscos. Então, pense por um momento em seus entes queridos, em seus filhos se você tiver. Dizer "não" ao cigarro é também proteger os outros, os seus familiares. Calma, serenamente você pode ver o mar, você sente. Agora, imagine, a felicidade de respirar o ar livre, de ficar sem fumo. Você está bem e sente que sua saúde está resplandecente, que você recuperou seu fôlego. Perceba que cada vez que você traz um cigarro para sua boca você traz uma barra de veneno mortal para seu organismo. A partir de agora, você preserva sua saúde total, definitivamente, e irremediavelmente. Era toda manhã, e cada hora que você fumava. Convido-vos a imaginar um quadro negro e a escrever a palavra saúde. Olhe para ele. Mantenha a imagem desta palavra neste quadro negro. Incorpore esta palavra ao seu inconsciente. Você sente o cheiro agradável do mar subindo em suas narinas. E você pensa em ingressos, que são a sua poupança. Agora, imagine o que você vai fazer com o dinheiro que não é mais desperdiçado em fumaça. Bem-estar é a sensação primordial que substitui seu mau hábito de fumar. E agora você vai manter essa visualização em você mesmo. Ela está em você agora. E você está perfeitamente em harmonia. Você ancora essa sensação de bem-estar. Sinta o cheiro de marrom e o cheiro de alga e peça ao seu inconsciente para memorizar esse momento e esse cheiro. Imagine-o ridículo sair para se intoxicar, perder onze minutos de vida por cigarro. Tudo isso é passado. V. Exa. decidiu libertar-se e esta é uma excelente escolha, porque está agora livre e livre, total e definitivamente. Agora você está pensando em todo esse dinheiro em todo o dinheiro que a indústria da morte roubou de você todo o seu dinheiro e pense nas economias que você vai conseguir. Nos próximos dias e meses você vai sentir seu corpo se lavar se expurgar regenerar e vitalidade vai voltar e você finalmente respeitar seu corpo respeitá-lo. Vou pedir ao seu inconsciente para imaginar um cigarro sobre uma mesa e agora imagine que esse cigarro está tomando a aparência da morte. A cada desejo de cigarro, você vai se lembrar desse cheiro, e seu corpo e sua mente imediatamente fortalecem sua aversão ao cigarro. É como a morte. O senhor decidiu deixar de fumar, pois conhece as consequências do cigarro. Ele mata, mata, escurece as ideias. Agora, imagine-se com uma máscara respiratória em um hospital lutando contra a morte, contra um câncer de pulmão e garganta. Infelizmente, o cigarro conduz à morte. Sua mente admite agora e de forma duradoura que você está livre deste veneno. A partir de agora e para sempre, assim que você ver um cigarro você vai pensar na palavra NÃO e em um NÃO firme e definitivo. Agora você encontra o cheiro de marrom. Agora vou dar-lhes uma sugestão que vocês vão repetir mentalmente: "Estou livre do cigarro ". Vá em frente. Sabem que se uma vontade é muito forte, então a vossa determinação é posta à prova, e terão de respeitar um protocolo. Basta inalar, inalar um pouco de hortelã, respirar: cinco segundos de inspiração e 10 segundos de expira dez vezes. Depois bebe um copo de águae , bebe. Agora, voltem ao vosso passeio à beira-mar, e sintam que a vossa vontade se torna mais forte do que os desejos, que a vossa vontade se torna mais forte do que as tentações, e que a vossa vontade se torna mais forte do que os maus reflexos. E você pode se lembrar do cheiro de algas, desse passeio à beira-mar, e confiar no seu inconsciente que o guiará com segurança para lidar com o seu desmame. E toda vez que você ativar a lembrança desta balada, sua motivação crescerá. Agora que se libertou totalmente do cigarro, abriu a porta à mudança e ao sucesso. V. Exa. decidiu deixar de fumar e tornar-se totalmente indiferente ao cigarro. Agora, dê um tempo, para você mesmo, para se programar como um não-fumante. Visualize uma cena agora ou sua saúde está no topo, seu fôlego está recuperado, e veja como sua pele está brilhando e sinta a alegria, a felicidade e o orgulho de ter conseguido. Você voltará ao estado de despertar como uma pessoa indiferente ao cigarro. Você terá parado de fumar, de uma vez por todas. Seu hábito é uma coisa do passado. E então começa sua nova vida com a total e completa indiferença pelo cigarro. Você acaba de se programar para ser total e completamente indiferente ao cigarro. Agora, vou propor a vocês que deixem esta maravilhosa paisagem. E para fazer isso, vou contar até cinco e número cinco. E com todo o seu tempo, você pode reabrir seus olhos, e voltar para você. Voltar para nós aqui e agora. 1 - você sai desta bela paisagem, para voltar quando quiser. 2 - Você está respirando completamente normal, respirando completamente natural e cada uma de suas inspirações permitem que você volte à superfície, e volte a você gradualmente. 3 - você pode começar a mover suas mãos, dedos, pés, contrair, relaxar os músculos do seu corpo e voltar a você gradualmente, calmamente. 4 - você começa a perceber a luz do quarto, em que você está, que atravessa suas pálpebras. 5 - Sobre uma grande inspiração e como um despertar pela manhã você abre seus olhos, e você volta para você, você volta para nós, aqui e agora.

Made in the USA
Columbia, SC
11 July 2023

20265158R00020